Zoran Drvenkar · Patricia Keller

Oh je, schon wieder Fußball

BELTZ
&Gelberg

1

Jetzt kommt eines von den Geheimnissen,
die ich eigentlich nicht erzählen darf.
Wenn das meine Mama wüsste.
Es ist ein Familiengeheimnis und so
geheim, dass schon daran denken
verboten ist.
Wenn das mein Papa wüsste.
Dabei trage ich dieses Geheimnis jeden
Tag mit mir herum.
Ich brauche nur an mir herunterzugucken.
Da ist es schon.

Die Wahrheit ist, ich habe einen
Monsterzeh an meinem rechten Fuß.
Außer Mama hat unsere ganze Familie
einen Monsterzeh am rechten Fuß. Das
haben wir von Papa geerbt. Und er ist
gar nicht stolz darauf.

Wenn man genau hinschaut, kann man sehen, dass wir verschieden große Schuhe tragen. Mama findet das sehr anstrengend. Wir brauchen immer zwei verschiedene Paare. Ein Paar für den linken Fuß und ein größeres Paar für den rechten Fuß. So ist das, wenn man einen Monsterzeh hat. Ein Schuh wandert immer in den Müll.

Mein Monsterzeh ist doppelt so groß wie ein normaler Zeh. Er hat die gleiche Farbe, ist aber zehn Mal so fest. Ich hebe ihn an, packe eine Walnuss darunter und lasse den Zeh drauffallen.

Das durfte ich nur ein Mal machen und dann nie wieder. Mama meinte, das wäre unhygienisch.
Das Dumme ist, dass Monsterzehen eigentlich überhaupt keinen Sinn haben.
Außer man findet einen Sinn für sie.
Und genau das ist mir passiert.

2

Es fing damit an, dass sie im Fernsehen
schon seit Wochen jeden Tag die
Fußball-EM zeigten.

Papa kam nach der Arbeit sofort nach Hause und Rolli merkte sich jedes Tor und wann es geschossen wurde. Auf die Sekunde genau. Ich fand das sehr anstrengend. Ganz besonders, weil meine Eltern immerzu jubelten. Egal, wer gewann. Jubel, Jubel, Jubel. Dazu kochte Mama kaum noch.

„Welche Familie isst denn bitte Popcorn zum Abendbrot?", fragte ich Mama.
„Diese hier", sagte sie und schaute in die Fernsehzeitung.
„Und wie lange dauert das noch?", fragte ich.

„Noch eine Woche", sagte Mama, ohne
mich anzusehen. Sie war gerade dabei,
den Spielplan zu studieren. Ich war wie
eine Fliege, die ihren Kopf umsummte.
Lästig.
Sieben Tage, dachte ich, nun, das werde
ich wohl überleben.

Am fünften Tag kam Papa schreiend von
der Arbeit nach Hause. Er war völlig
durcheinander.

Er sagte nicht, was er gewonnen hatte, sondern rannte zum Fenster und riss es auf.

„ICH HABE GEWONNEN!", rief er in den Hinterhof.

„Beruhige dich doch", sagte Mama und lachte, ohne zu wissen, warum sie lachte.

„Warum lachst du?", fragte ich sie.

„Guck doch mal, wie er sich freut", sagte Mama.

Und da musste ich auch lachen, denn Papa freute sich mächtig.

„Ich habe gewonnen!", rief er ein letztes Mal laut und dann war seine Stimme verschwunden.

Er piepste nur noch heiser.

„Was hat er?", fragte Rolli, der Papa zwei Straßen entfernt gehört hatte und sofort nach Hause gerannt war.

„Keine Ahnung", sagte ich.

Papa piepste ein zweites Mal, doch
keiner verstand ihn.

„Seid mal still", sagte Mama, „er will was
sagen."

Wir wurden ganz still und schoben unsere
Ohren nahe an seinen Mund heran.

Es kam heraus, dass Papa der erste
Anrufer bei einem Radiowettbewerb
gewesen war. Er hatte alle Fragen richtig
beantwortet und Karten für das Endspiel
gewonnen.
Freikarten für die ganze Familie. Der
Radiosender spendierte uns nicht nur den
Flug, wir durften mit unserer
Nationalmannschaft frühstücken und
ihnen beim Endspiel von der
Ehrentribüne aus zuwinken.

„Fehlt nur noch, dass wir mitspielen",
sagte ich.

„Warum nicht?", sagte Rolli sofort und
bekam dieses gefährliche Glitzern in
seinen Augen. „Ich könnte mitspielen,
weißt du? Ich habe einen Schuss, der jeden
Torwart umhaut. So und so dribbel ich
um sie herum. Und zack, ist
der Ball drin!"

„Beruhige dich mal", sagte ich.
„Ist das nicht toll?", fragte Papa.
„Ist das nicht prima?", rief Mama
aufgeregt.

„Und wo soll es hingehen?", fragte ich.
Alle sahen mich an, als hätte ich mein
Gehirn an der Garderobe abgegeben.
„Passt du gar nicht auf?", wollte mein
Bruder wissen.
„London", sagte mein Vater.
„Wembley-Stadion", sagte meine Mutter.
Ich zog eine Schnute. Ich wollte nicht
mitfahren. Ich hatte nicht vor, die Welt zu
bereisen, nur um mir ein Fußballspiel
anzusehen. Was für ein Blödsinn. Ich
beschloss, dass ich zu Hause bleiben
würde.

3

Im Flugzeug saß ich am Fenster und schaute mir an, wie die Welt unter einer weißen Wolkendecke verschwand. Von hier oben sah es aus, als würden wir über ein Meer aus Eisbergen fliegen. Ich wusste nicht, wie schnell wir flogen. Es fühlte sich an, als wären wir eine Schnecke mit Flügeln, die über den Himmel kroch.

Kriechen ist Quatsch. Wir zischen mit 700 Stundenkilometern durch die Luft. So ist das.

„Blödsinn!", sagte ich und guckte erschrocken aus dem Fenster.

700 Stundenkilometer war wirklich schnell.

„Aufgeregt?", fragte mich Papa.

„Warum sollte ich aufgeregt sein?", fragte ich zurück.

„Weil du das erste Mal fliegst", sagte er. „Da wäre ich ganz schön aufgeregt."

„Ach, deswegen", sagte ich und tat so, als hätte ich das eben erst bemerkt. Natürlich war ich aufgeregt.

Bevor ich in das Flugzeug gestiegen war, musste ich vier Mal auf die Toilette. Und jetzt könnte ich schon wieder pinkeln gehen. 700 Stundenkilometer, du meine Güte.

„Ich bin ein wenig kribbelig", gab ich zu und beobachtete die Wolkenberge unter mir.

Ich bin ja so gespannt, wer uns vom Flughafen abholt! Ein Empfang wäre toll!

Bestimmt gibt es einen Empfang!

„Das wird besser als jeder Empfang",
sagte Rolli. „Die haben sicher die ganze
Nationalmannschaft hinbestellt. Wollen
wir wetten?"

„Blödsinn", sagte ich.

„Wollen wir wetten?", fragte Rolli erneut.
Wir wetteten, dass der Verlierer die
Tasche vom Gewinner tragen musste. Ich
wusste, ich konnte nicht verlieren. Rolli
hatte eine viel zu wilde Fantasie. Die
Nationalmannschaft hatte ja wohl
Besseres zu tun, als unsere langweilige
Familie zu empfangen. Die mussten
trainieren und so.

4

Am Flughafen stand die gesamte
Nationalmannschaft mit Trainern und
Ersatzspielern.

Mama wurde sofort ohnmächtig.
„Das ist zu viel für mich", sagte sie und
fiel Papa in die Arme.

„Hahaha", machte Rolli und reichte mir seine Tasche, die natürlich unglaublich schwer war.

Nachdem wir jedem Spieler die Hand geschüttelt hatten, trugen wir Mama zu einer Limousine, die nur für uns da war. Der Fahrer hielt uns die Tür auf und fuhr uns zum Hotel. Es war schon dunkel, aber ich fühlte mich überhaupt nicht müde.

Mein Zimmer lag neben dem Zimmer vom Torwart. Papas und Mamas Zimmer neben dem vom Mannschaftskapitän. Rolli durfte mit dem Mittelstürmer Wand an Wand schlafen. Als sich die Zimmertür hinter mir schloss, musste ich laut loskichern. Es war alles sehr aufregend, auch wenn ich nicht zeigen wollte, wie aufregend es wirklich war.

Ich war in London!

Ich rannte ins Bad, um mir die Badewanne anzusehen. In Filmen zeigen sie immer riesige Badewannen mit lauter Gold drum herum. Die hier war zwar nicht riesig, dennoch passte garantiert unsere ganze Familie rein. Dann schaute ich aus dem Fenster, weil ich wissen wollte, wie weit ich gucken konnte. Ich guckte nicht weit. Mein Fenster ging zur Hinterseite des Hotels raus. Es war schon Abend, die Sterne schimmerten am Himmel und die Stadt erinnerte an ein funkelndes Armband.

Als ich nach unten schaute, sah ich elf
Stockwerke unter mir einen
Swimmingpool.
„Denkst du das Gleiche wie ich?", fragte
eine Stimme hinter mir.

„Wir können jetzt nicht schwimmen gehen", sagte ich.

„Klar können wir", sagte Rolli.

„Aber Mama und Papa ..."

„Die schlafen tief und fest", unterbrach mich Rolli. „Die sind auf ihre Betten geplumpst und jetzt schnarchen sie laut."

„Wirklich?"

„Wirklich."

Fünf Minuten später hatte ich meinen Badeanzug an.

Zwei Minuten darauf flog ich durch die Luft und landete im Wasser.

Seid ihr schon mal nachts geschwommen? Ganz allein, in einem Swimmingpool, der von unten beleuchtet wird? Macht das mal. Aber lasst euren Bruder zu Hause. Besonders wenn ihr einen Bruder habt, der eine Wasserspritzpistole besitzt und zu viele Cowboyfilme gesehen hat.

Ich tunkte ihn unter, bevor ich wieder auf
das Sprungbrett stieg und einen zweiten
Köpfer machte. Als ich auftauchte,
bekam ich wieder einen Wasserstrahl
mitten ins Gesicht.
„Hahaha, voll erwischt!", rief Rolli.
Ich tunkte ihn unter. Rolli tauchte auf wie
eine bekloppte Wasserboje mit zu großen
Ohren und rief: „Hahaha, das macht mir
doch nichts, hahaha."
Also habe ich ihn um den Swimmingpool
herumgejagt, bis er aufgegeben hat.
Ich bin ja die ältere Schwester, ich darf
nicht alles mit mir machen lassen.

5

Um Mitternacht lag ich im Bett und
konnte nicht einschlafen. Ich fand es
schon immer gruselig, nachts in einem
fremden Zimmer zu liegen. Also schlich
ich nach einer halben Stunde aus meinem
Zimmer, um zu gucken, wie Rolli sich
fühlte. Rolli fühlte sich prima.

„Mau-Mau", sagte Rolli und rutschte,
damit ich mich dazusetzen konnte.

„Habt ihr denn keine Angst, morgen
müde zu sein?", fragte ich den
Mannschaftskapitän.

„I wo!", sagte er. „Ist doch nur ein Spiel."
Der Mittelstürmer und der Torwart
lachten sich halb schlapp. Dann
gestanden sie mir, dass sie schon seit zwei
Tagen nicht schlafen konnten, weil sie so
nervös waren.

„So ein Endspiel sollte man nicht auf die
leichte Schulter nehmen", sagte Rolli und
alle nickten.

„Gerade deswegen ist eine Runde Mau-
Mau gut für die Nerven", stellte der
Mittelstürmer fest und teilte die Karten
aus.

Ich weiß nicht, wie lange wir dasaßen
und Mau-Mau spielten. Ich weiß nur,
dass ich am Morgen wach wurde und bei
Rolli im Bett lag. Aber nicht nur ich.

„Wie spät ist es?", fragte ich leise.

Rolli blinzelte und schielte zur Uhr.

„Halb zehn", sagte er.

Der Torwart machte ein Auge auf.

„Wie spät?", fragte er.

Bevor Rolli antworten konnte, sprangen der Mittelstürmer, der Mannschaftskapitän und der Torwart wie verrückt auf und rannten raus.

„Was ist denn mit denen los?", fragte ich und streckte mich.

„Du meine Tüte!", rief Rolli und sprang auch auf. „Das Endspiel beginnt in zwanzig Minuten."

Als wir zu Mama und Papa ins Zimmer reinrannten, lagen die beiden noch im Bett und schliefen. Zwei leere Flaschen Sekt standen neben ihnen auf dem Nachttisch. Sie müssen ganz schön gefeiert haben.

„AUFWACHEN!", rief Rolli und
schüttelte sie.

Papa blinzelte verschlafen. Mama zog
sich die Decke über den Kopf.

„In achtzehn Minuten beginnt das
Endspiel!", rief Rolli und rannte wieder
aus dem Zimmer.

Und ich hinterher.

Unsere Eltern ließen wir mal so eben im
Hotel zurück.

Unsere Limousine wartete schon vor dem
Hotel auf uns. Der Fahrer hielt uns die
Tür auf und gab sofort Gas.

Er hielt an keiner Ampel. Die anderen
Autofahrer kümmerten ihn gar nicht.
Innerhalb von zehn Minuten brachte er
uns zum Stadion und setzte uns am
Hintereingang ab. Dort wartete ein
anderer Mann und führte uns zu unseren
Plätzen. Alles lief wie am Schnürchen.

Rolli sah auf seine Uhr und sank mit
einem Seufzer in seinen Sessel zurück.
„Noch eine Minute", sagte er. „Wir sind
pünktlich."

6

Ich kann jetzt nicht sagen, dass es ein
prima Spiel war. Ich finde Fußball albern.
Da sind zweiundzwanzig Mann auf einer
Wiese und streiten sich um einen Ball.
Wenn ich mich mit Rolli um irgendwas
streite, dann gibt es nicht tausend Leute,
die sich das ansehen wollen. Außerdem
weiß ich nicht, was spannend daran ist,
ob jetzt diese oder jene Mannschaft
gewinnt. Eine Woche danach redet so
und so keiner mehr darüber.
Deswegen kann ich jetzt nicht sagen, dass
es ein prima Spiel war. Da müsstet ihr
Rolli fragen. Aber ich kann euch sagen,
dass Rolli aufgeregt rumhüpfte und
zweimal beinahe von der Ehrentribüne
gefallen wäre. Zumindest das war witzig.

Nach neunzig Minuten stand es immer
noch unentschieden und es gab eine
Verlängerung.
Und schließlich noch eine oder vielleicht
auch zwei, ich weiß es nicht.
Ich bin zwischendurch weggenickt und
wurde durch Rolli wach.

Auf dem Feld hatten sich die zwei
Mannschaften im Mittelkreis
versammelt. Sie schossen abwechselnd
auf ein Tor. Und mal trafen sie, mal
trafen sie nicht. Nach einer halben Stunde
standen sie noch immer da, während ich
zum zwanzigsten Mal gähnen musste.
Und dann passierte es.
Unsere Nationalmannschaft schlug sich
die Hände vors Gesicht.
„So, das war es dann wohl", sagte ich und
wollte aufstehen.
„Nur, wenn wir jetzt treffen, deswegen
schau jetzt genau hin", sagte Rolli und
zog mich wieder auf den Sitz zurück.
Ich schaute, aber da gab es nicht viel zu
sehen.

Niemand traute sich, den wichtigen
Schuss zu machen.

Macht schon,
ihr Pfeifen!

Und da fingen alle an zu rufen.
„Macht schon, ihr Pfeifen!", rief das
ganze Stadion.
Danach war es wieder still.
Über die Sprechanlage wurde uns erklärt,
was passiert war:

„Liebe Leute, der Elfmeter, der das Spiel um den EM-Pokal entscheiden würde, kann nicht ausgeführt werden, weil sich keiner traut, diesen Elfmeter zu schießen. Wir hoffen auf Ihr Verständnis und versprechen, das Problem so bald wie möglich zu lösen."

Ein lautes Buhen wanderte durch die Reihen. Die Zuschauer sahen aus wie blökende Schafe.

Dann wurde es wieder ruhig. Alle warteten und warteten.

„Was die sich nur haben", sagte ich zu Rolli.

„Die haben Angst, danebenzuschießen", erklärte er mir.

„Das ist doch kinderleicht", sagte ich.

„Ach nee", sagte Rolli.

„Das mach ich doch mit links", sagte ich.

„Machst du nicht!", sagte Rolli laut.

„Mach ich doch!", sagte ich lauter und hörte das Echo meiner Stimme im Stadion.
Ich schaute mich erschrocken um.
Es war mucksmäuschenstill.

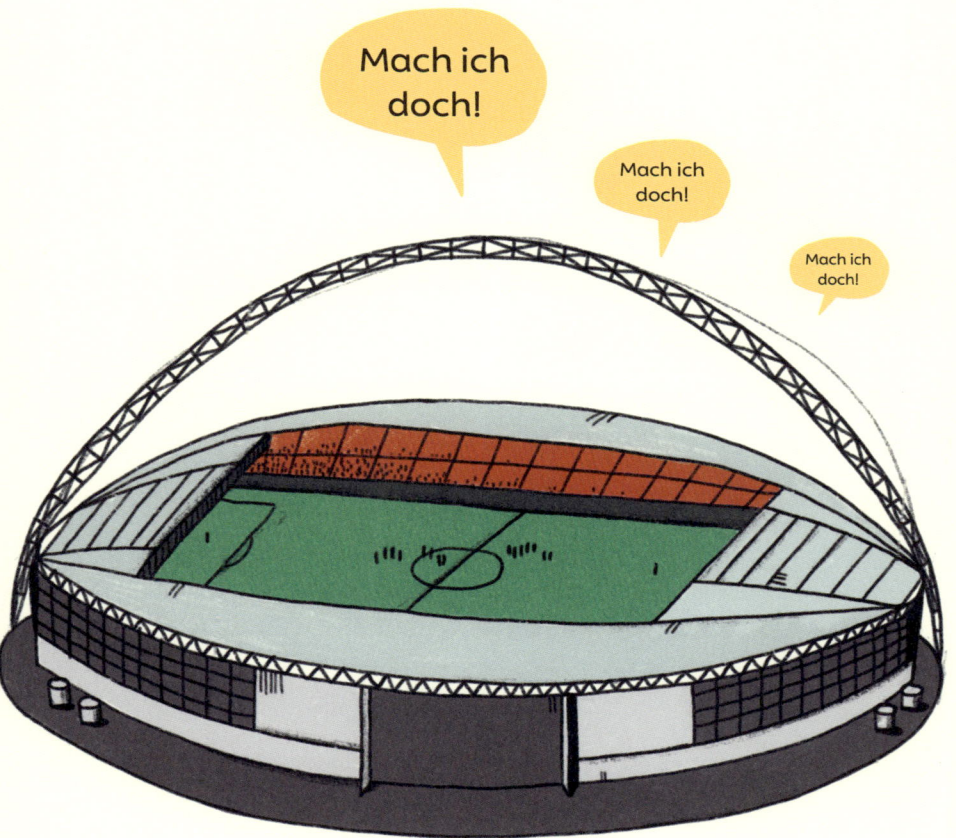

Von einem Moment zum anderen war
kein Laut zu hören.

Alle Zuschauer sahen Rolli und mich an.

„Die sehen uns an", sagte ich.

„Nee", sagte Rolli. „Die sehen dich an."

Er hatte recht. 84 000 Augenpaare sahen
mich an. Das waren 168 000 Augen.

Dazu kamen noch die Augen der zwei
Mannschaften.

Aber so weit konnte ich nicht mehr
rechnen.

Es war zu peinlich.

Ich wäre am liebsten unsichtbar gewesen.

„Was guckt ihr so?", fragte ich halblaut.

84 000 Augenpaare blinzelten einmal,
dann erklang ein Pfiff vom Spielfeld.

Der Schiedsrichter ließ sich ein Megafon
bringen und rief zu uns hoch:

Ich drehte mich um, weil ich sehen wollte, wen er meinte.

„Er meint dich", sagte Rolli und stupste mich an.

„Mich?", sagte ich erschrocken.

„JA, DICH DA!", rief der Schiedsrichter.

Ich biss mir auf die Unterlippe. Mensch, war das peinlich.

Die 84 000 Augenpaare blinzelten noch einmal. Und ich stand auf, um auf das Spielfeld zu gehen.

7

Von der Tribüne aus sieht das ja alles
anders aus. So klein. Wenn man aber erst
mal da unten steht, ist das überhaupt
nicht klein. Es ist riesig. Besonders die
Spieler wirken anders. Fast doppelt so
groß. Ich war dagegen nur ein Zwerg.
„Du bist also die, die meint, es wäre
kinderleicht", begrüßte mich der
Schiedsrichter.

Der Schiedsrichter sprach so laut, dass er sein Megafon gar nicht brauchte. Aber es war schon zu spät. Die beiden Mannschaften hatten sich neugierig um mich versammelt. Die Gegner zeigten auf mich und kicherten. Unsere Nationalmannschaft sah gar nicht glücklich aus. Sie sah aus, als hätte man sie mit Kakao begossen und zum Trocknen rausgestellt.

„Warum traut sich keiner von euch?", fragte ich.

Alle schauten an mir vorbei und scharrten mit ihren Fußballschuhen.

„Was seid ihr denn für eine
Mannschaft?", fragte ich.
Sofort begannen die Spieler untereinander
zu tuscheln und warfen mir böse Blicke
zu.
Der Mannschaftskapitän baute sich vor
mir auf.
„Das geht nicht, dass du so mit uns
redest", sagte er. „Wir sind doch die
Nationalmannschaft."
„Feiglinge seid ihr", sagte ich.
„Blöde Göre", sagte er.

„Na und", sagte ich, „Feiglinge bleiben dennoch Feiglinge."
Der Mannschaftskapitän guckte zu den Gegnern, die so taten, als würden sie nicht zuhören.
„Wir sind keine Feiglinge", sagte der Mannschaftskapitän und winkte seine Mannschaft zusammen.

Los, einer von euch muss jetzt diesen Elfmeter schießen.

„Schieß du doch", sagte ich zum
Mannschaftskapitän.
Er sah mich an, als wäre ich eine
hässliche Gurke, die reden konnte.
„Angst?", fragte ich ihn.
Er sah mich an, als wäre ich eine überaus
hässliche Gurke, die nicht nur reden
konnte, sondern auch dachte, sie wäre
besonders klug.
„Wenn du als Einzige keine Angst hast,
was würdest du dann davon halten, in die
Nationalmannschaft aufgenommen zu
werden?", fragte mich der
Mannschaftskapitän.
Ich schüttelte den Kopf, denn solch einen
Blödsinn hatte ich schon lange nicht
gehört.
„Solch einen Blödsinn habe ich schon
lange nicht gehört", sagte ich.

Hast du etwa auch Angst?

Ich habe NIE Angst!

Da rief der Mannschaftskapitän den Schiedsrichter. Sie redeten kurz und dann erklang ein Pfiff. Ich verstand nur die Hälfte von dem, was der Schiedsrichter über das Megafon verkündete. Mir war schwindelig. Was hatte ich nur getan? Im nächsten Moment jubelte die eine Hälfte vom Publikum, während die andere Hälfte pfiff.

„Eddie, was tust du nur?!", hörte ich Rolli. Ich wusste es nicht, es ging schnell und schmerzlos.

Hiermit bist du Mitglied unserer Nationalmannschaft.

Willkommen in unserem Team!

„Und jetzt", sagte der
Mannschaftskapitän, „bist du an der
Reihe."
Ich schaute nach links und rechts.

Der Ball lag auf dem Elfmeterpunkt.
Ich war Nationalspielerin.

Ich hätte den Leuten jetzt verraten
können, dass ich noch nie Fußball gespielt
hatte.
Aber ich tat das nicht. Die Spieler und
Zuschauer hätten mich ausgelacht.
Besonders der Mannschaftskapitän hätte
vor Lachen gegackert und allen erzählt,
dass ich feige sei.
Genau da fiel mir mein Monsterzeh ein.
Von dem Moment an wusste ich, alles
würde gut.
„Ich schieße barfuß", sagte ich.
Der Mannschaftskapitän schüttelte den
Kopf.
„Ist nicht erlaubt", sagt er.
„Lass sie mal machen", kam mir der
Schiedsrichter zu Hilfe. „Sonst kommen
wir nie nach Hause."
Er gab den Ball mit einem Pfiff frei.
Niemand rührte sich.

Der Torwart stand abwartend im Tor.
Niemand kratzte sich auch nur an der
Nase.

Unter meinen Fußsohlen kitzelte das
Gras. Meine Füße verschwanden fast
ganz darin. Gut, so konnte keiner meinen
Monsterzeh sehen. Ich schaute zum Ball.
Ich und meine blöde Klappe. Ich konnte
froh sein, wenn ich den Ball traf.
„Los, Eddie!", rief Rolli.
„Los, Eddie!", rief das Publikum.
Ich schaute zum Torwart.

Der Torwart unterdrückte ein Gähnen und wackelte vor Langeweile mit dem Hintern.

Mehr musste ich nicht hören.
Ich rannte los.

8

Es gibt Momente, da ist jede Minute wie
eine Stunde.
Wenn man auf einem Sprungbrett steht.
Wenn man in der Schule sitzt.
Oder wenn man unter Wasser die Luft
anhält.
Und dann gibt es Momente, die sind ganz
lang und kommen einem ganz kurz vor.
Mein letzter Geburtstag.
Die Sommerferien.
Oder als mich Kai nach Hause gebracht
hat und meine Hand hielt.
Dieser Moment hier war einer von den
ganz langsamen.
Ich lief und lief und kam dem Ball nicht
näher.
Und plötzlich stand ich direkt vor ihm
und erschrak heftig.

Mensch, war der Ball groß.
Ich wollte ihn ganz fest treten, machte
mir aber Sorgen, dass er kaputtgehen
würde.

So ein Monsterzeh kann Nüsse knacken,
da ist so ein Ball nichts dagegen. Also trat
ich nur halbfest zu. Aber das reichte
völlig.

Der Ball jagte wie eine Rakete los und flog direkt auf den Torwart zu. Eigentlich sollte er links in die Ecke gehen, aber das interessierte den Ball nicht.

Der Torwart streckte die Arme aus, um den Ball wie einen entflohenen Luftballon aufzufangen. Er wusste es nicht besser. Niemand hatte ihm vorher gesagt, dass hier jemand schoss, der einen Monsterzeh hatte. Hätte er das gewusst, dann wäre er bestimmt ausgewichen.

Im nächsten Moment saßen der Torwart
und der Ball mitten im Tor.
Niemand sagte ein Wort.
84 000 Münder waren aufgeklappt und es
herrschte Durchzug.
Nur der Torwart machte ein Geräusch.
Er rief laut: „Aua!"
Dann pfiff der Schiedsrichter zwei Mal
und die Nationalmannschaft war
Europameister.

9

Mensch, haben wir gefeiert!
Aber das habt ihr bestimmt alles im
Fernsehen gesehen, also brauche ich es
nicht noch mal zu erzählen. Auf jeden
Fall bin ich noch nie so viel in meinem
Leben durch die Luft geflogen wie an
diesem Tag. Und als wir danach mit der
Limousine in das Hotel zurückgefahren
wurden, saßen Mama und Papa am
Swimmingpool und knabberten
Käsesticks.
„Ihr habt das Spiel verpasst", sagte Rolli.
„Wir haben nichts verpasst", sagte Mama
und erzählte, sie hätten alles im
Fernsehen gesehen.
„Da soll mal jemand sagen, ein
Monsterzeh wäre nichts wert", sagte
Papa und umarmte mich.

„Ich verrate nichts", versprach ich, ohne
dabei rot zu werden.

Danach schenkte ich Rolli mein Trikot, Papa meine Fußballschuhe und Mama meinen Spielerpass. Ich wollte nicht mehr Nationalspielerin sein. Ich fand Fußball noch immer langweilig und wollte lieber den ganzen Tag in einen Swimmingpool springen.

Also zog ich mir schnell meinen Badeanzug an und machte einen Köpfer vom Sprungbrett. Als ich wieder auftauchte, hörte ich Mama und Papa vor Bewunderung klatschen und bekam einen Wasserstrahl ins Gesicht.

„Voll erwischt!", rief Rolli.

Und dann habe ich ihn so lange um den Swimmingpool gejagt, bis es dunkel wurde.

MIX
Papier aus verantwor-
tungsvollen Quellen
FSC® C089473
FSC
www.fsc.org

Dieses Buch ist erhältlich als:
ISBN 978-3-407-75639-8 Print

© 2022 Beltz & Gelberg
in der Verlagsgruppe Beltz · Weinheim Basel
Werderstraße 10, 69469 Weinheim
Alle Rechte vorbehalten
Text: Zoran Drvenkar
Umschlagillustrationen und Illustrationen im
Innenteil: Patricia Keller
Konzept der Einbandgestaltung: Julia Kerschbaumer,
www.illubelle.de
Satz: Lara Thorissen
Druck und Bindung: Beltz Grafische Betriebe, Bad Langensalza
Beltz Grafische Betriebe ist ein klimaneutrales Unternehmen
(ID 15985-2104-100).
Printed in Germany
1 2 3 4 5 26 25 24 23 22

Weitere Informationen zu unseren Autor_innen und Titeln
finden Sie unter: www.beltz.de